Edition Schott

Jean Françaix
1912 – 1997

Suite

pour flûte seule

ED 4821
ISMN 979-0-001-05554-3

www.schott-music.com

Mainz · London · Berlin · Madrid · New York · Paris · Prague · Tokyo · Toronto
© 1963 SCHOTT MUSIC GmbH & Co. KG, Mainz · © renewed 1991 · © 1963 SCHOTT MUSIC S.A. Paris for France · © renewed 1991 · Printed in Germany

Suite

Suite

Jean Françaix

I Caprice

II Pavane

III Saltarelle

8

IV Allemande

Flûte en sol (ou, à défant, flûte normale)

Moderato (♩ = 72)

V Menuet

Reprendre la Flûte normale

♩ = 144

VI   Marche

Trio

Coda

Schott Music, Mainz 40 857